ISBN: 0692918671
ISBN 13: 9780692918678

Número de control en la Biblioteca del Congreso de los
Estados Unidos 2013902047
Linda\Díaz-Murphy
North Charleston, South Carolina

Dedicatoria

Este libro está dedicado a mi querido marido Brian Martin quien se enfrenta a todos los retos de la vida con ganas y valentía y quien me hace sentir amada y querida en todo momento.

A mis hijas Anais Rachel y Michelle Arianna quienes me inspiran constantemente y son la quintaesencia de la luz, esperanza, amabilidad y belleza.

A mi yerno John William quien nos enseña a todos cómo ser agradecidos. A mis maravillosos nietos, Morgan Michelle Isabel (quien me dio comentarios muy inteligentes y creativos para las ilustraciones) y John «Moose» Martín (a quien se le ocurrió la idea del personaje de la oruga para este libro). Los dos sois la encarnación de la paz y el amor. ¡Os quiero!

Agradecimientos

Deseo expresar mi profundo afecto y mi más sincero agradecimiento al Dr. Ronald Murphy por iluminar mi sendero a través de mi tormenta personal y por enseñarme el camino del sanador herido.

Quiero también agradecer de forma muy especial a Barbara Maurer quien me ha guiado y asesorado en distintas etapas de mi profesión a ayudar a otros a recuperarse de una pérdida traumática. A los niños y a sus familias que perseveraron y nunca se rindieron, deseo expresar mi gratitud por permitirme acompañarlos en su viaje de sanación.

Gracias a Gloria Feliciano.

Es un hermoso día en el jardín tranquilo. A la entrada, hay flores trompeta naranjas colgando de la pérgola elevada en forma de arco que invita a los visitantes a pasar. Campanillas púrpuras, rosas y azules se han abierto y cuelgan a lo largo de la verja blanca que rodea en espiral el jardín. Flores amarillas, rosas y de un rojo brillante echan brotes, mientras que otras ya han florecido. Hay un arbusto de las mariposas en flor en el jardín tranquilo. La mariposa monarca, una mariposa amarilla, dos abejas, una polilla, dos avispas y un mosquito van saltando de flor en flor, extrayendo el jugo de cada una. Un gusano sacó la cabeza de la tierra y sonríe mientras mira alrededor del jardín.

Hay un precioso jardín acuático con una pequeña cascada natural. Bolas de cristal de distintos colores y luces decoran el jardín tranquilo y reflejan como en un espejo el sol y el cielo azul. Varias orugas trepan por la pared de una cochera roja hacia las ramas del manzano más grande que uno no se pudiera imaginar.

Un columpio de madera blanco para dos personas cuelga de una de las siete gruesas ramas del manzano. El árbol alberga un nido donde vivían tres crías de azulejos sin plumas junto con mamá azulejo y papá azulejo. Dos ardillas se ríen, se abrazan y sonríen mientras juegan en el jardín. Cerca de ella, la familia mofeta se está divirtiendo también. La mariposa amarilla dice: «Este es un hermoso día en el jardín tranquilo».

Más tarde ese día se formaron nubes negras que cubrieron el sol y el cielo azul.

La mariposa monarca, la mariposa amarilla, las dos abejas, la polilla, las dos avispas, el mosquito, las dos ardillas, la familia de azulejos, las orugas, la familia mofeta y el gusano se detuvieron y alzaron la mirada sorprendidos hacia el cielo que empezaba a oscurecerse. Los tranquilos insectos del jardín y los animalitos se quedaron paralizados por el miedo cuando la luz del sol desapareció por completo. La mariposa amarilla dijo: «Este se ha convertido en un día inaudito»

Ráfagas de viento hicieron volar en ciclones la basura y las hojas de los árboles que se desparramaron por el que solía ser un jardín tranquilo. Las ardillas corrieron para refugiarse en una madriguera, pero una lluvia torrencial enseguida la inundó. Entonces, las ardillas huyeron hacia la cochera roja y se apiñaron dentro. La mariposa monarca, la mariposa amarilla, las dos abejas, la polilla, las dos avispas y el mosquito unieron sus alas y se escondieron en el arbusto de las mariposas púrpura hasta que el viento empezó a soplar tan fuerte que era imposible quedarse ahí por más tiempo. Los pájaros azulejos se quedaron agachados en su nido. El gusano hundió la cabeza en la tierra. Las orugas treparon hacia una ventana abierta de la cochera buscando refugio. La familia mofeta se resguardó en un cubo de basura que había aterrizado en el jardín. Las mofetas miraron aterrorizadas cómo otros cubos de basura rodaban por el suelo y salían volando por el aire. La mariposa amarilla dijo: «Este se ha convertido en el día más aterrador que uno no pudiera imaginar».

El día después de la tormenta, el que fuera una vez un jardín tranquilo se encontraba en un estado lamentable. El viento había desparramado la basura de las casas cercanas. Las bolas de cristal de colores que antes decoraban el jardín se habían hecho añicos. La cascada estaba destruida. Muchas flores estaban dobladas o rotas por el tallo. La mitad del arbusto de las mariposas púrpura que una vez protegió y alimentó a la mariposa monarca, a la mariposa amarilla, a las dos abejas, a la polilla, a las dos avispas y al mosquito había sido arrancado de la tierra. Los relámpagos habían derribado el manzano, partiendo una de sus ramas. Esto asustó a la familia azulejo cuyo nido se albergaba en una rama cercana. Las ardillas, que habían huido a la cochera en busca de refugio, ahora estaban tristes al ver por la ventana el jardín dañado. La mariposa amarilla dijo: «Este es un día triste».

El cuarto día después de la tormenta, el sol salió, atravesando las nubes todavía un poco grises, e iluminó el jardín. Los insectos y los animalitos empezaron a salir de sus refugios. Sintieron un gran dolor en sus corazones cuando vieron cómo estaba el jardín. Una de las mofetas se dio cuenta de que la mariposa amarilla estaba herida y gritó: "¡Mirad a la mariposa amarilla! Ha perdido trozos de sus alas." La mariposa monarca, las dos abejas, la polilla, las dos avispas, el mosquito, el gusano que trajo a un querido amigo con él, las dos mofetas, la mamá azuleja y las dos ardillas se enojaron al ver las alas rotas de la mariposa amarilla. La mariposa amarilla herida dijo: «Este es el día en el que uno se pregunta '¿por qué a mí?'»

Al quinto día después de la tormenta, la mariposa monarca, las dos abejas, la polilla, las dos avispas, el mosquito, las dos ardillas, la familia de azulejos, las orugas, la familia mofeta y el gusano empezaron a limpiar el jardín. A pesar de tener las alas dañadas, la mariposa herida pudo limpiar el jardín con los demás y hasta se dio cuenta de que parte de la basura podría ser reciclada. La mariposa amarilla dijo: «Este es un día de limpieza».

La mariposa amarilla herida empezó a ver qué podía servir de las cosas que había en la basura. Encontró un tubo de cartón y se le ocurrió una idea. Emocionada dijo: «¡Hagamos un caleidoscopio!». La mariposa amarilla herida pintó el tubo de cartón de color amarillo usando los pistilos de las margaritas blancas. La familia mofeta recogió papel aluminio y lo colocó dentro del tubo de cartón para reflejar la luz del sol.

Entonces las dos ardillas pusieron los preciosos vidrios de colores de las bolas de cristal rotas entre dos trozos de papel celofán y los colocaron con cuidado en el extremo superior del tubo de cartón.

La mariposa monarca, las dos abejas, la polilla, las dos avispas y el mosquito ataron un lazo azul alrededor del extremo superior del tubo para sujetar el papel celofán mientras que una bondadosa oruga hacía un agujero con su boca en el extremo inferior del tubo para poder mirar por ahí.

Entonces, la mariposa monarca, las dos abejas, la polilla, las dos avispas y el mosquito hicieron una bonita moña con el lazo azul y así mantuvieron sujeto el papel celofán al extremo superior del tubo de cartón.

Una vez que el caleidoscopio estuvo listo, las ardillas y las mofetas sujetaron la parte inferior del caleidoscopio mientras que la mariposa monarca, las dos abejas, la polilla, las dos avispas y el mosquito intentaban levantar la parte superior del caleidoscopio hacia el sol. Pero, el caleidoscopio pesaba mucho y se cayó al suelo. La mariposa amarilla herida quería ayudar a levantarlo, pero pensó que si lo hacía sería imposible para ella volver a volar. La mariposa amarilla herida dijo: «Este es un día de retos».

De forma inexplicable, la mariposa amarilla herida reunió mucho valor y con gran determinación y esfuerzo voló hacia el cielo azul y el cálido sol para ayudar a la mariposa monarca, las dos abejas, la polilla, las dos avispas y al mosquito a levantar el caleidoscopio. Todos animaban «¡Hurra!»

Todos tenían curiosidad y tuvieron oportunidad de mirar por el caleidoscopio. Mientras los animalitos e insectos esperaban su turno para asomarse al agujero del caleidoscopio, la luz que entraba por el extremo superior creaba infinitos diseños de colores brillantes y maravillosos.

A la mañana siguiente, cuando una suave brisa soplaba en el jardín tranquilo, todos pudieron escuchar el sonido de un despertador de ángeles que ahora colgaba de una nueva rama del manzano. La mariposa monarca, la mariposa amarilla, las dos abejas, la polilla, las dos avispas, el mosquito, las dos ardillas, la familia de azulejos, las orugas, la familia mofeta y el gusano se detuvieron para escuchar el llamador de ángeles y, durante un breve instante, recordaron todo lo que había pasado. La mariposa amarilla herida dijo: «Este es un día de conmemoración».

Es un hermoso día en el jardín tranquilo. A la entrada, hay flores trompeta naranjas colgando de la pérgola elevada en forma de arco que invita a los visitantes a pasar. Campanillas púrpuras, rosas y azules se han abierto y cuelgan a lo largo de la verja blanca que rodea en espiral al jardín. Flores amarillas, rosas y de un rojo brillante echan brotes, mientras que otras ya han florecido. Hay un arbusto de las mariposas en flor en el jardín tranquilo.

La mariposa monarca, una mariposa amarilla, dos abejas, una polilla, dos avispas y un mosquito van saltando de flor en flor, extrayendo el jugo de cada una. Cinco mariposas surgieron de sus capullos y se unieron a la celebración. Un gusano sacó la cabeza de la tierra y sonríe mientras mira alrededor del jardín.

Hay un precioso jardín acuático con una pequeña cascada natural. Bolas de cristal de distintos colores y luces decoran el jardín tranquilo y reflejan como en un espejo el sol y el cielo azul. Un par de orugas trepan por la pared de una cochera roja hacia las ramas del manzano más grande que uno no se pudiera imaginar.

Las dos ardillas se ríen, se abrazan y sonríen mientras se columpiaba en el columpio de madera blanco para dos personas que cuelga de una de las siete gruesas ramas del manzano. En el jardín tranquilo los tres jóvenes azulejos con hermosas plumas azules juegan mientras mamá azuleja y papá azulejo los contemplan contentos en una rama del manzano. Cerca, la familia mofeta se está divirtiendo también. La mariposa amarilla herida dice: «Este es un nuevo día en el jardín tranquilo».

EL COMIENZO DE
MI HISTORIA...

...EL FINAL DE MI HISTORIA.

www.ingramcontent.com/pod-product-compliance
Lightning Source LLC
Chambersburg PA
CBHW041758040426
42447CB00001B/11